D0560237

Introduction

Sommaire

Sommaire

Manger léger : pourquoi ?

Sachant qu'une alimentation équilibrée doit fournir à l'organisme une certaine quantité de lipides, pourquoi limiter notre consommation de matières grasses ?

Dans la mesure où l'huile, le beurre et les autres corps gras donnent à nos aliments toute leur saveur, pourquoi chercher à réduire ces ingrédients plutôt qu'à les augmenter ?

Avant toute chose, il est important de savoir que nous ne devons pas proscrire complètement les lipides, qui interviennent, par exemple, dans la coagulation du sang et la bonne santé des yeux, mais il faut seulement surveiller la part qu'ils occupent dans notre alimentation, de façon à réduire les risques de maladies cardio-vasculaires.

Tous les acides gras ne sont pas nocifs, loin s'en faut. Il existe des acides gras saturés et des acides gras insaturés. Ceux-ci se divisent en deux groupes (mono-insaturés et poly-insaturés).

Les restrictions frappent essentiellement les acides gras saturés (pour simplifier, ce sont ceux qui se présentent sous forme solide à température ambiante). On les trouve surtout dans les viandes et les produits laitiers entiers, mais aussi dans certaines huiles végétales hydrogénées.

En revanche, les acides gras polyinsaturés sont bons pour la santé. Ils aident l'organisme à combattre le « mauvais » cholestérol. La plupart sont d'origine végétale. C'est le cas de l'huile de tournesol ou de l'huile de soja, mais on les trouve aussi dans certains poissons comme le mulet, l'espadon, la truite ou la sardine.

Les olives, l'avocat et les fruits secs, entre autres, constituent une source importante d'acides gras mono-insaturés (qui sont indispensables en petite quantité), de même que l'huile de noix ou l'huile de pépins de raisin.

En résumé, notre alimentation doit être variée mais équilibrée, c'est-à-dire que l'énergie fournie par les lipides ne doit pas dépasser 35 % de l'énergie totale.

Introduction

Qu'est-ce que le cholestérol ?

Le cholestérol est indispensable à la vie. Il est naturellement présent dans le sang et joue un rôle essentiel dans la formation des cellules nerveuses et sanguines et dans la production des hormones, de même que celle des sels biliaires nécessaires à la digestion.

Mais si le taux de cholestérol est trop élevé, ce qui est le cas si notre alimentation est trop riche en acides gras saturés, il se dépose sur les parois artérielles. Ce durcissement des artères, s'il n'est pas décelé et soigné, est à l'origine de nombreuses maladies cardio-vasculaires et de graves accidents cardiaques.

ANALYSE NUTRITIONNELLE : MODE D'EMPLOI

Chaque recette est accompagnée d'indications chiffrées qui permettent de voir au premier coup d'œil le nombre de calories qu'elle dispense et l'apport énergétique correspondant à sa teneur en lipides. Il faut savoir qu'un gramme de lipides fournit environ 38 kilojoules, soit 9 kilocalories d'énergie. N'oubliez pas que le secret de la santé passe par une alimentation équilibrée et qu'il convient de ne pas éliminer de votre régime tous les acides gras au profit des seuls aliments riches en fibres. On peut classer les recettes selon trois niveaux, en fonction de leur contenu en lipides (faible, moyen, élevé).

LIPIDES

Exprimés en grammes par portion individuelle :

Moins de 10 g	faible
Entre 10 et 20 g	moyen
Plus de 20 g	élevé

Les recettes contenant peu de matières grasses sont généralement préparées à base de produits laitiers allégés, de fruits et de légumes, des ingrédients pauvres en acides gras. On peut y ajouter des aliments riches en sucres lents, tels pâtes, riz, pain, polenta, semoule et farine de blé, ou des poissons maigres. Veillez à réduire les matières grasses comme l'huile, le beurre ou la margarine et à débarrasser la viande de son gras et la volaille de sa peau.

Les recettes à teneur moyenne en lipides contiennent les ingrédients cités précédemment, accompagnés d'une quantité un peu plus importante d'huile ou de beurre. Dans cette catégorie entrent aussi les plats contenant des avocats et des fruits secs, ainsi que des produits laitiers allégés ou demi-écrémés.

Les recettes dont le niveau en lipides est élevé contiennent le même type d'ingrédients que précédemment, cuisinés en général avec une plus grande quantité de corps gras. Dans cette catégorie figurent également la pâtisserie et le fromage, les plats à base de viande non dégraissée ou de volaille avec leur peau. L'apport de lipides est souvent augmenté par des portions plus copieuses.

LA TENEUR EN FIBRES

Exprimée en grammes par portion individuelle :

Moins de 2 g	faible
Entre 2 et 5 g	moyenne
Plus de 5 g	élevée

Dans la première catégorie se trouvent les recettes à base de produits céréaliers complets (pâtes, riz, pain), de fruits et de légumes. Les recettes de la catégorie « moyenne » contiennent des fruits ou des légumes en quantité modérée, souvent des noix ou d'autres fruits secs, parfois du riz, des pâtes ou de la farine blanche.

Les recettes pauvres en fibres ne comptent généralement ni fruits ni légumes, ni même de produits céréaliers. Un consommateur soucieux de sa santé doit veiller à ce que son alimentation soit aussi variée que possible et privilégier au maximum les produits frais, les légumes et les sucres lents.

Soupes
et entrées

Soupe de carottes
au cumin

1 c. à soupe d'huile
d'olive

1 gros oignon haché

1 gousse d'ail écrasée

3 branches de céleri
hachées

1 c. à soupe de cumin
moulu

700 g de carottes
coupées en rondelles
fines

90 cl de bouillon
de légumes

poivre noir

coriandre fraîche,
pour décorer

1. Faites chauffer l'huile dans un faitout, ajoutez l'oignon, l'ail et le céleri et faites revenir 5 mn en remuant de temps en temps. Ajoutez le cumin et laissez cuire 1 mn pour en exalter la saveur, sans cesser de remuer.

2. Ajoutez les carottes, le bouillon, le poivre et mélangez bien. Portez à ébullition et laissez cuire 30-35 mn jusqu'à ce que les légumes soient bien tendres, en remuant de temps en temps.

3. Retirez du feu et laissez refroidir quelques minutes. Réduisez la soupe en purée à l'aide d'un fouet électrique ou passez-la au mixeur. Versez dans une casserole propre et faites réchauffer lentement. Servez la soupe décorée de feuilles de coriandre.

Remarque : Cette soupe épaisse, bien relevée, est idéale pour les soirées d'hiver. Pour qu'elle soit meilleure encore, n'hésitez pas à utiliser du bouillon frais. Servez avec des naans (pains indiens).

Soupe de tomates
aux poivrons frits

3 poivrons rouges
ou jaunes, coupés
en deux et épépinés

1 oignon en chemise
coupé en deux

4 grosses olivettes

4 gousses d'ail
en chemise

35 cl de bouillon
de poule ou de légumes

1 c. à soupe de coulis
de tomates

sel et poivre noir

2 c. à soupe de persil
frais haché

1. Préchauffez le four à 200 °C. Sur une feuille de papier sulfurisé, disposez les poivrons et l'oignon, côté coupé vers le bas, avec l'ail et les tomates entières. Laissez cuire 30 mn.

2. Laissez refroidir les légumes 10 mn avant de les peler. Mettez-les dans le bol d'un mixeur avec la moitié du bouillon et réduisez-les en purée (ou utilisez un batteur électrique).

3. Versez dans la casserole, ajoutez le reste du bouillon et le coulis de tomates. Portez à ébullition. Salez et poivrez à votre goût et servez parsemé de persil haché.

Remarque : Les vives couleurs de cette soupe ne manqueront pas de vous mettre en appétit. Son goût est à l'avenant. Servez avec des tranches de ciabatta passées au four.

🍴 4 ⏰ 15 mn + refroidissement : 10 mn ⏳ 35 mn 🔥 63 💧 traces

Pains pitta

aux épinards et au chèvre

⫴ 6 🕐 15 mn ⧗ 10 mn **c** 203 **ℓ** 3 g

120 g de tomates séchées à l'huile, égouttées, avec 2 c. à soupe d'huile d'assaisonnement

---

2 c. à soupe de coulis de tomates

---

1 gousse d'ail hachée grossièrement

---

2 c. à café de thym frais haché, ou 1/2 c. à café de thym deshydraté

---

200 g d'épinards nouveaux

---

6 petits pains pitta

---

6 tomates cerises coupées en quatre

---

100 g de fromage de chèvre crémeux, coupé en lamelles

---

1 c. à soupe de graines de sésame

1. Préchauffez le four à 230 °C. Au mixeur, ou avec un batteur électrique, réduisez en purée les tomates séchées et l'ail avec le coulis de tomates. Ajoutez le thym et mélangez.

2. Portez de l'eau à ébullition dans une casserole, plongez-y brièvement les épinards. Retirez-les et faites-les refroidir dans un saladier d'eau froide. Égouttez-les et arrosez-les avec l'huile d'assaisonnement des tomates.

3. Étalez le coulis de tomates à l'ail sur les petits pains et répartissez les épinards par-dessus. Terminez avec le chèvre, les tomates cerises et le sésame. Enfournez et laissez cuire 10 mn, jusqu'à ce que le fromage soit fondu et bien doré.

Remarque : Cette entrée savoureuse et appréciée de tous se prépare en un clin d'œil. Vous pouvez garnir à votre gré de salami, d'anchois, de poivron rouge ou d'olives.

Salade Waldorf
au fromage

170 g de chou rouge coupé en lamelles

4 branches de céleri coupées en rondelles

145 g de fromage à pâte pressée (emmenthal, gouda, tomme de Savoie) coupé en dés de 1 cm

90 g de grains de raisin sans pépins coupés en deux

2 pommes rouges épépinées et coupées en morceaux

1 salade romaine, épluchée et lavée

1 c. à café de graines de pavot

Pour la sauce

145 g de yaourt nature allégé

2 c. à soupe de mayonnaise allégée

1 c. à café de jus de citron frais ou de vinaigre de vin blanc

poivre noir

1. Pour la sauce, versez le yaourt, la mayonnaise, le poivre et le jus de citron (ou le vinaigre) dans un saladier et mélangez bien. Incorporez le chou, le céleri, le fromage, le raisin et les pommes.

2. Répartissez les feuilles de romaine sur des assiettes de service et couvrez avec la préparation. Parsemez de graines de pavot avant de servir.

Remarque : Les saveurs du chou rouge, du raisin, de la pomme et du fromage se marient admirablement bien. Si vous manquez de temps, vous pouvez utiliser une sauce de salade prête à l'emploi.

Soupe d'olivettes
aux lentilles et au basilic

🍴 4　⏰ 30 mn　⏳ 40 mn　𝐜 231　𝓵 < 1 g

85 g de lentilles blondes

1 kg de tomates
(olivettes)

1 c. à soupe d'huile
d'olive

2 oignons hachés

2 c. à soupe de coulis
de tomates

75 cl de bouillon
de légumes

1 feuille de laurier

poivre noir

3 c. à soupe de basilic
frais haché, et un peu
plus pour décorer

1. Rincez les lentilles, égouttez-les et versez-les dans une grande casserole d'eau bouillante. Laissez cuire 25 mn à couvert. Égouttez, rincez à l'eau froide et réservez.

2. Pendant la cuisson, disposez les tomates dans un saladier, couvrez-les d'eau bouillante pendant 30 s. Égouttez-les. Enlevez la peau et les pépins et coupez-les en morceaux. Faites chauffer l'huile dans une cocotte, laissez blondir les oignons durant 10 mn en remuant de temps en temps. Dans la cocotte, versez les tomates, le coulis de tomates et le bouillon, avec le laurier et le poivre. Portez à ébullition et laissez frémir 25 mn à couvert, en remuant de temps en temps.

3. Retirez la cocotte du feu et laissez refroidir quelques minutes. Retirez la feuille de laurier. Passez la soupe au mixeur ou réduisez-la en purée avec un batteur électrique. Versez dans une casserole, ajoutez les lentilles et le basilic haché et faites réchauffer à feu doux. Servez et décorez de feuilles de basilic frais.

Remarque : Tomate et basilic donnent à cette soupe une saveur inimitable. Les lentilles la rendent plus nourrissante et lui donnent un petit goût de noisette.

Velouté

au cresson

1 c. à soupe d'huile de tournesol
4 échalotes hachées fin
1 poireau coupé en fines rondelles
220 g de pommes de terre coupées en dés
220 g de cresson de fontaine haché
40 cl de bouillon de légumes
40 cl de lait demi-écrémé
poivre noir

1. Faites chauffer l'huile dans une cocotte. Mettez les échalotes et les rondelles de poireau à mijoter 5 mn à feu doux, en remuant de temps en temps. Complétez avec les pommes de terre et le cresson, et faites cuire 3 mn de plus jusqu'à ce que le cresson soit bien tendre. Remuez de temps en temps.

2. Versez le bouillon et le lait. Poivrez. Portez à ébullition puis baissez le feu et laissez mijoter 20 mn à couvert, en remuant de temps en temps (les pommes de terre doivent être bien cuites).

3. Retirez la cocotte du feu et laissez refroidir quelques minutes. Passez le mélange au mixeur ou réduisez-le en purée avec un batteur électrique. Faites réchauffer à feu doux puis versez dans un plat de service. Ce potage se mange très chaud. Servez immédiatement, décoré d'une pincée de poivre concassé.

Remarque : Ce délicieux potage, vite préparé, constitue une entrée raffinée, que vos invités ne manqueront pas d'apprécier. Vous pouvez remplacer le cresson par des épinards.

🍴 4　⏱ 15 mn　⏳ 30 mn　*c* 186　*l* < 1 g

Bruschettas

aux légumes grillés

¶¶ 4   ● 15 mn   ⏳ 10 mn   𝒄 297   𝓵 2 g

1 poivron rouge ou jaune, épépiné et coupé en lamelles	2 c. à café de moutarde à l'ancienne
	poivre noir
1 courgette coupée en tranches fines dans la longueur	1 ciabatta coupé en 8 (ou 8 tronçons de baguette)
1 oignon rouge émincé	1 gousse d'ail coupée en deux
2 grosses tomates coupées en tranches épaisses	
	8 olives noires dénoyautées et coupées en rondelles
3 c. à soupe d'huile d'olive vierge extra	basilic frais, pour décorer

1. Préchauffez le gril à haute température et recouvrez la plaque de cuisson de papier d'aluminium. Dans un saladier, déposez le poivron, la courgette, l'oignon et les tomates découpées. Mélangez 2 c. à soupe d'huile avec le poivre et la moutarde. Versez sur les légumes et remuez délicatement.

2. Disposez les légumes en une seule couche sur la plaque du gril et laissez cuire 3-4 mn sur chaque face pour qu'ils soient légèrement dorés. Réservez et maintenez au chaud.

3. Faites griller les tranches de pain de chaque côté et frottez-les à l'ail. Répartissez les légumes sur les tranches, du côté aillé, décorez avec les olives et arrosez avec le reste de l'huile. Servez, décoré de basilic frais.

Remarque : La bruschetta est l'antipasti romain par excellence. Cette bouchée aux légumes du soleil remportera un franc succès à l'apéritif. Le pain frotté d'ail rehausse la saveur des légumes grillés.

🍴 6

🕐 15 mn

C 103

l <3 g

---

4 grosses tomates
coupées en fines
rondelles

---

1 oignon rouge coupé
en fines rondelles

---

sel et poivre noir

---

2 c. à soupe de basilic
frais haché

Pour la sauce

---

90 g de feta émiettée

---

3 c. à soupe de yaourt
nature

---

2 c. à soupe d'huile
d'olive vierge extra

---

1 c. à soupe de vinaigre
de vin blanc

Salade de tomates

et d'oignons
à la feta

1. Disposez les tranches d'oignon et de tomates sur un grand plat de service. Salez et poivrez.

2. Mélangez bien la feta, le yaourt, l'huile et le vinaigre dans le bol d'un mixeur, ou utilisez un batteur électrique. Répartissez le mélange sur les tomates et décorez de basilic.

Remarque : Tomates, oignon et basilic composent une salade parfaite, très rafraîchissante. L'originalité de cette recette réside dans la sauce, particulièrement crémeuse.

Saumon fumé

sur lit de pommes de terre et d'asperges

300 g de petites pommes de terre nouvelles

sel et poivre noir

24 pointes d'asperges

1 c. à soupe d'aneth haché, et quelques brins pour décorer

10 cl de crème fraîche

170 g de saumon fumé en tranches fines

1. Faites cuire les pommes de terre 15 mn dans de l'eau bouillante salée, puis égouttez-les.

2. Pendant ce temps, débarrassez les asperges de leur partie ligneuse. Faites cuire 3-4 mn dans de l'eau bouillante salée. Égouttez avec soin.

3. Incorporez l'aneth à la crème fraîche, salez et poivrez. Disposez les pommes de terre et les pointes d'asperges sur des assiettes de service, et placez les tranches de saumon par-dessus. Donnez un tour de moulin à poivre et décorez d'un brin d'aneth. Servez, accompagné du pot de crème fraîche à l'aneth.

Remarque : Cette recette est idéale pour un déjeuner de printemps, époque à laquelle vous trouverez facilement des asperges tendres et des pommes de terre bien fermes. Essayez la ratte du Touquet entière ou la roseval coupée en quatre.

Soupe toscane

aux flageolets et au pain

1/2 ciabatta
3 c. à soupe d'huile d'olive
3 oignons hachés
3 gousses d'ail hachées
800 g de tomates concassées
400 g de flageolets
60 cl de bouillon de légumes
sel et poivre noir
basilic frais pour décorer

1. Préchauffez le four à 150 °C. Coupez le pain en dés et faites dorer au four 10 mn environ.

2. Mettez l'huile à chauffer dans une cocotte, ajoutez les oignons et l'ail et faites cuire 3-4 mn. Complétez avec les tomates, les flageolets et le bouillon. Portez à ébullition et laissez frémir 2 mn.

3. Versez les croûtons frits dans la soupe et portez de nouveau à ébullition. Laissez mijoter 5 mn supplémentaires. Assaisonnez et servez, décoré de feuilles de basilic.

Remarque : Cette soupe paysanne épaisse et savoureuse nous vient d'Italie. À défaut de ciabatta, sec et parfumé, utilisez du pain marocain non levé, mais jamais de pain frais.

4   10 mn   2 mn   390   <2 g

2

Plats

Risotto aux brocolis et aux fruits de mer

¶|4 ⏱ 15 mn ⏳ 45 mn 𝒸 434 ℓ <2 g

1 c. à soupe d'huile de tournesol

6 échalotes hachées

1 gousse d'ail hachée

1 poivron vert ou jaune, épépiné et coupé en dés

230 g de riz brun

50 cl de bouillon de légumes

230 g de champignons rosés découpés en lamelles

25 cl de vin blanc sec

400 g de fruits de mer surgelés, décongelés

230 g de brocolis

2 c. à soupe de persil plat haché

poivre noir

1. Faites chauffer l'huile dans une cocotte. Placez les échalotes, l'ail et le poivron et laissez mijoter 5 mn en remuant de temps en temps. Versez le riz et faites cuire 1 mn de plus, sans cesser de remuer, afin que les grains soient bien enrobés.

2. Versez le bouillon dans un autre récipient et portez à ébullition. Prélevez 15 cl de bouillon pour arroser le riz, puis ajoutez les champignons et le vin blanc. Portez ce mélange à ébullition, baissez légèrement le feu et laissez mijoter 15 mn à couvert, en remuant fréquemment, jusqu'à ce que le liquide soit largement absorbé. Ajoutez 20 cl de bouillon chaud et laissez cuire de nouveau 15 mn, en remuant de temps à autre.

3. Complétez avec les fruits de mer, ajoutez encore un peu de bouillon. Faites cuire le tout 5 mn en remuant souvent. Le riz doit rester ferme. Ajoutez le reste de bouillon si nécessaire, et assurez-vous que les fruits de mer sont bien cuits. Pendant ce temps, faites cuire les brocolis 3 mn dans l'eau bouillante salée. Égouttez bien et incorporez au risotto. Ajoutez le persil haché et poivrez à votre goût.

Porc braisé
aux pommes

🍴 4 🕐 15 mn ⧗ 1 h 30 **c** 254 **l** 2 g

1 c. à soupe d'huile
de tournesol

4 tranches de porc maigre
(côte sans os ou filet)

4 échalotes émincées

170 g de champignons
coupés en lamelles

1 c. à soupe de farine
de blé

20 cl de bouillon
de légumes

10 cl de cidre brut

2 c. à café de moutarde
forte ou de moutarde
à l'ancienne

poivre noir

2 grosses pommes
pelées, épépinées
et coupées en lamelles

persil plat pour décorer

1. Préchauffez le four à 180 °C. Faites chauffer l'huile dans une poêle antiadhésive. Placez-y les morceaux de porc et laissez frire 5 mn, en les retournant à mi-cuisson, jusqu'à ce qu'ils soient bien dorés sur les deux faces. Disposez dans un plat allant au four.

2. Versez les échalotes et les champignons dans la poêle et faites revenir 5 mn. Ajoutez la farine et laissez cuire 1 mn en remuant. Ajoutez le bouillon et le cidre par petites quantités, en éliminant les grumeaux. Complétez avec la moutarde et le poivre et portez à ébullition. Laissez cuire 2-3 mn en remuant, le temps que le mélange épaississe.

3. Disposez les tranches de pommes sur les morceaux de porc et couvrez avec la sauce. Couvrez d'une feuille d'aluminium et enfournez. Laissez cuire 1 h-1 h 30. La viande doit être bien cuite. Décorez de persil frais et servez.

Remarque : L'acidité des pommes s'accorde très bien avec la viande de porc. Ce plat longuement mijoté est particulièrement savoureux.

Poulet

Maryland

¶¶ 4 ⏱ 15 mn ⏳ 25 mn ℭ 306 ℓ 1 g

1 c. à soupe d'huile végétale	1/2 c. à café de paprika
4 blancs de poulet	sel et poivre noir
8 c. à soupe de farine	1 œuf moyen
1 pincée de poivre de Cayenne ou 1/2 c. à café de moutarde en poudre	90 g de chapelure

1. Préchauffez le four à 200 °C. À l'aide d'un pinceau à pâtisserie ou d'un linge propre, huilez légèrement la plaque de cuisson. Rincez les blancs de poulet à l'eau et séchez-les avec du papier absorbant.

2. Sur une grande assiette, mélangez la farine, le paprika, le poivre de Cayenne (ou la moutarde en poudre), le sel et le poivre à l'aide d'une fourchette.

3. Cassez l'œuf dans une assiette creuse et battez-le en omelette. Versez la chapelure dans une seconde assiette creuse, salez et poivrez.

4. Farinez légèrement les blancs de poulet. Trempez-les l'un après l'autre dans l'œuf battu, puis dans la chapelure. Ils doivent être entièrement recouverts.

5. Disposez les blancs de poulet sur la plaque de cuisson, au milieu du four.

Faites cuire le poulet 25 mn, jusqu'à ce que la croûte soit bien dorée. Percez à l'endroit le plus épais pour vérifier la cuisson : le jus qui s'échappe doit être incolore.

Ces blancs de poulet au four sont tout aussi onctueux que des beignets, mais ils sont beaucoup moins gras. Accompagnés d'une salade verte ou de pommes de terre cuites dans leur peau, ils constituent un repas complet. On peut aussi les déguster froids à l'occasion d'un pique-nique.

Remarque : Fabriquez vous-même votre chapelure, elle n'en sera que meilleure. Préchauffez le four à 160 °C. Sur la grille du four recouverte d'une feuille de cuisson, en position basse, placez des tranches de pain rassis et faites-les dorer 20-30 mn. Une fois le pain refroidi, écrasez-le à l'aide d'un rouleau à pâtisserie.

2 c. à soupe de grains
de poivre

4 steaks bien tendres
(bavette, rumsteck
ou filet) de 115 g chacun
environ, dégraissés

persil frais pour décorer

Pour la sauce

3 tomates

2 c. à soupe de jus
de tomates

2 c. à soupe d'huile
d'olive

1 oignon rouge haché fin

2 c. à café de sauce
au raifort

1 c. à soupe de persil
frais haché

poivre noir

1. Placez les tomates dans un saladier, couvrez d'eau bouillante et attendez 30 s. Égouttez, laissez refroidir et pelez les tomates. Coupez-les en quatre pour enlever les pépins et hachez finement la pulpe. Versez dans un saladier avec le jus de tomates et 1 c. à soupe d'huile. Ajoutez l'oignon, le raifort, le persil et le poivre et mélangez bien. Couvrez et laissez reposer 1 h.

2. Préchauffez le gril sur la position moyenne. Écrasez les grains de poivre à l'aide d'un pilon et d'un mortier ou avec un rouleau à pâtisserie. Enduisez les steaks avec le reste de l'huile et roulez-les dans le poivre concassé.

3. Disposez les steaks sur le gril et laissez griller 4-5 mn de chaque côté selon que vous les aimez plus ou moins cuits. Servez avec la sauce et décorez de persil frais.

Remarque : La sauce aux oignons fait tout le charme de cette recette et transforme le classique pavé de bœuf en un plat original et coloré.

¶¶ 4 🕐 15 mn + repos : 1 h ⏳ 10 mn **c** 226 **l** 2 g

oignons rouges

Légumes
en terrine aux fines herbes

1 oignon émincé

2 poireaux coupés
en rondelles

2 branches de céleri
hachées

2 carottes coupées
en fines rondelles

1 poivron rouge épépiné
et coupé en lamelles

500 g de légumes
à potage, tels que patates
douces, panais ou navets,
coupés en dés

170 g de champignons
coupés en lamelles

400 g de tomates
concassées en conserve

6 c. à soupe de cidre
brut

1 c. à café de thym
déshydraté

1 c. à café d'origan
déshydraté

poivre noir

herbes aromatiques
(basilic, coriandre…)
pour décorer

1. Préchauffez le four à 180 °C. Dans une terrine ou un plat à four assez profond, mettez l'oignon, les poireaux, le céleri, les carottes, le poivron, les navets et les champignons ; mélangez bien. Ajoutez les tomates, le cidre, le thym, l'origan et le poivre noir.

2. Couvrez et laissez cuire au four 1 h-1 h 15 pour que tous les légumes soient bien tendres, en remuant une fois ou deux en cours de cuisson. Disposez dans un plat de service et décorez avec les fines herbes.

Remarque : Profitez des légumes d'automne pour préparer cette terrine aussi économique que savoureuse. Servez bien chaud, accompagné de pain grillé.

¶¶4 ● 10 mn ⏳ 1 h 15 *c* 221 *l* traces

Brochettes
d'agneau sauce pimentée

¶¶ 4 ● *20 mn + marinade : 2 h* ⧗ *20 mn* ❤ *218* ℓ *2 g*

15 cl de vin rouge

1 c. à soupe d'huile d'olive

jus de 1/2 citron

1 c. à soupe de romarin frais haché

poivre noir

340 g de gigot d'agneau désossé, découpé en 12 morceaux

2 poivrons (rouge et jaune) épépinés et coupés en 8

16 petits champignons de couche

Pour la sauce

400 g de tomates concassées en conserve

10 cl de bouillon de légumes

1 petit oignon haché fin

1 piment vert, épépiné et coupé fin

1 c. à soupe de coulis de tomates

1 gousse d'ail écrasée

1. Dans un saladier, mélangez l'huile, le jus de citron, le romarin et le poivre avec 4 c. à soupe de vin rouge. Incorporez les dés d'agneau et mélangez bien. Couvrez et laissez mariner au réfrigérateur pendant 2 h minimum.

2. Préchauffez le gril à haute température. Répartissez les dés d'agneau, les poivrons et les champignons sur quatre brochettes métalliques. Réservez la marinade.

3. Versez le bouillon et le reste du vin dans une casserole avec les tomates, l'oignon, le piment, le coulis et l'ail, et mélangez bien. Portez à ébullition, puis baissez le feu et laissez mijoter 15-20 mn à feu vif, sans couvrir, en remuant de temps en temps, jusqu'à ce que la sauce épaississe. Pendant ce temps, faites griller les brochettes 12-18 mn en les retournant de temps en temps et en les arrosant avec la marinade. Servez avec la sauce pimentée.

Canard frit
à l'ananas

2 blancs de canard de Barbarie de 170 g chacun environ, découpés en lamelles	1 poivron jaune ou rougé épépiné et coupé en lamelles
1 c. à café de cinq-épices chinoises	5 cm de gingembre frais, coupé en bâtonnets
2 c. à soupe de sauce soja	2 oignons nouveaux, bulbes et verdures coupés fin séparément
2 c. à soupe d'alcool de riz ou de xérès sec	170 g d'ananas frais coupé en petits morceaux, avec le jus
1 c. à café de sucre	
1 c. à soupe d'huile de noix	sel

1. Placez les blancs de canard dans un saladier avec les épices, la sauce soja, le sucre et l'alcool de votre choix. Couvrez et laissez mariner 20 mn.

2. Faites chauffer l'huile dans une cocotte. Faites rissoler le canard 2 mn à feu vif et réservez la marinade. Ajoutez le poivron, le gingembre et la partie blanche des oignons nouveaux dans la cocotte, et laissez cuire 3-4 mn. Le poivron doit être bien tendre.

3. Ajoutez l'ananas, le jus, puis la marinade. Laissez mijoter le tout 1-2 mn. Rectifiez l'assaisonnement. Servez sans attendre et décorez avec les verdures d'oignon.

Remarque : L'ananas et le canard font généralement bon ménage. Servez avec des nouilles chinoises ou du riz thaï parfumé, cuit à la créole.

Couscous
de légumes épicé

🍴 4 🕐 25 mn ⏳ 35 mn **c** 580 **l** traces

1. Mettez les tomates dans un saladier, couvrez-les d'eau bouillante et attendez 30 s. Égouttez, pelez et hachez grossièrement.

2. Faites fondre le beurre dans une cocotte et versez l'oignon, les carottes, le céleri, le potiron (ou le rutabaga) et le poivron. Laissez revenir 3-4 mn en remuant. Ajoutez le piment et les tomates, couvrez et laissez cuire 5 mn en secouant la cocotte une ou deux fois. Versez le bouillon, couvrez et laissez mijoter 20 mn, jusqu'à ce que les légumes soient bien cuits.

3. Pendant ce temps, préparez la semoule selon les indications portées sur le paquet. Ajoutez les pois chiches (ou les haricots) aux légumes, assaisonnez et laissez mijoter 5 mn pour réchauffer le tout. Versez la semoule de couscous dans un plat de service et disposez les légumes sur le dessus.

3 olivettes
30 g de beurre
1 gros oignon coupé en deux
2 carottes coupées en deux dans le sens de la longueur, puis en diagonale
2 branches de céleri coupées en rondelles
300 g de potiron ou de rutabaga coupé en dés de 2 cm
1 poivron vert épépiné et haché
1/2 c. à café d'épices moulues
30 cl de bouillon de légumes
400 g de semoule à couscous
400 g de pois chiches (ou de haricots blancs) en boîte, égouttés
sel et poivre noir

Remarque : La graine de couscous absorbe toutes les saveurs des épices et des légumes qui l'accompagnent. Si vous en aimez le goût, vous pouvez y ajouter une pincée de cannelle et des raisins secs préalablement trempés.

Escalopes de dinde
sauce moutarde

🍴 4 🕐 10 mn ⏳ 20 mn **c** 238 **l** 2 g

1 c. à soupe d'huile
d'olive

4 filets de dinde de 120 g
chacun environ

Pour la sauce

15 g de margarine
au tournesol

15 g de farine de blé

30 cl de lait demi-écrémé

1-2 c. à soupe
de moutarde à l'ancienne

poivre noir

herbes aromatiques
(basilic, ciboulette,
coriandre…)
pour décorer

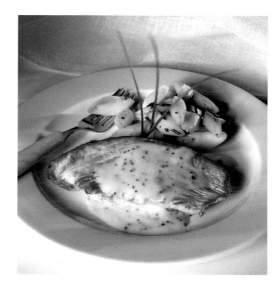

1. Faites chauffer l'huile dans une poêle anti-adhésive. Placez-y les filets de dinde et laissez rissoler 15 mn pour qu'ils soient bien dorés, en les retournant à mi cuisson.

2. Pendant ce temps, faites fondre la margarine dans une casserole. Versez la farine et laissez cuire 1 mn à feu doux, sans cesser de remuer. Retirez du feu et ajoutez le lait petit à petit, en remuant vivement à l'aide d'un fouet.

3. Remettez la casserole sur le feu et laissez épaissir la sauce en remuant constamment. Incorporez la moutarde et le poivre noir. Laissez cuire 2 mn supplémentaires, en remuant de temps en temps.

4. Nappez les filets de dinde d'une cuillerée de sauce à la moutarde et servez en décorant de fines herbes.

Cabillaud

au citron vert et

zeste haché fin et jus
de 1 citron vert

jus de 1/2 citron

1 c. à soupe d'huile
d'olive

1 c. à café de miel liquide

1 c. à soupe d'estragon
frais haché

1 c. à soupe de persil
frais haché

poivre noir

4 darnes de cabillaud
de 170 g chacune
environ

estragon frais et rondelles
de citron vert
pour décorer

1. Préchauffez le four à 200 °C. Dans un saladier, mélangez le jus et le zeste du citron vert, l'huile d'olive, le miel, l'estragon, le persil et le poivre.

2. Disposez les tranches de cabillaud dans un plat à four et arrosez avec le mélange. Couvrez avec une feuille d'aluminium, en veillant bien à ce qu'elle ne touche pas les morceaux de poisson. Faites cuire 20 mn, ou jusqu'à ce que le poisson soit bien cuit. Servez en décorant de rondelles de citron vert et de brins d'estragon.

Le cabillaud, ou la morue, est une excellente source de protéines. C'est un poisson dit maigre, qui contient peu de lipides et fournit peu de calories. Attention au mode de cuisson : si le poisson est frit à la poêle, l'apport calorique est multiplié par trois !

Remarque : Voici une recette délicieuse et très simple à réaliser, où miel et fines herbes se conjuguent pour faire de ce poisson injustement décrié un plat de choix. Servez avec des pommes de terre vapeur et des carottes nouvelles.

aux herbes

Hamburgers

aux épices et aux carottes

450 g de viande
de bœuf hachée

2 carottes râpées
grossièrement

90 g de champignons
hachés fin

1 gros oignon émincé
(ou 3 échalotes)

60 g de pain complet
émietté

2 c. à soupe de coulis
de tomates

1 œuf moyen

1 gousse d'ail écrasée

2 c. à café de cumin
moulu

2 c. à café de coriandre
moulue

1 c. à café de piment
moulu

poivre noir

1. Préchauffez le gril sur la position moyenne. Mettez tous les ingrédients dans un saladier et mélangez bien.

2. Façonnez quatre galettes du bout des doigts et aplatissez-les du plat de la main. Faites griller au four 10-15 mn, selon la cuisson désirée, en les retournant à mi-cuisson.

Remarque : Les enfants vont adorer ces délicieux hamburgers ! Servez-les, par exemple, dans des petits pains aux céréales ouverts en deux et garnis de feuilles de salade et de tranches de tomates.

4 15 mn 15 mn

382 1 g

Salade

de pâtes au thon

🍴 4 🕐 15 mn ⏳ 10 mn **C** 369 **l** < 1 g

230 g de pâtes
au blé complet
(tagliatelles ou tortillons)

4 oignons nouveaux
coupés en rondelles
et quelques verdures
d'oignons ciselées
pour décorer

1 poivron jaune épépiné
et coupé en dés

150 g de haricots
mange-tout hachés

200 g de maïs en boîte
égoutté

170 g de thon au naturel,
égoutté et émietté

Pour la sauce

5 c. à soupe de coulis
de tomates

1 c. à soupe d'huile
d'olive vierge extra

2 c. à café de vinaigre
balsamique

1 pincée de sucre
en poudre

2 c. à soupe de basilic
frais haché

poivre noir

1. Faites cuire les pâtes selon les indications portées sur le paquet. Elles doivent rester *al dente*. Égouttez, rincez à l'eau froide et égouttez à nouveau soigneusement. Versez dans un saladier de service.

2. Pour la sauce, battez ensemble le coulis de tomates, l'huile d'olive, le vinaigre, le basilic, le poivre et le sucre à l'aide d'un fouet. Versez la sauce sur les pâtes et mélangez bien.

3. Ajoutez les oignons nouveaux, le poivron, les petits pois, le maïs et le thon et mélangez une nouvelle fois, très délicatement. Décorez de verdures d'oignons nouveaux.

Remarque : Les pâtes au blé complet et les légumes sont particulièrement riches en fibres, éléments indispensable de tout régime équilibré, car ils réduisent le taux de « mauvais » cholestérol.

Brochettes

de poulet façon cajun

3 gros blancs de poulet,
découpés en lamelles
de 2,5 cm

sel et poivre noir

huile d'olive

Pour la marinade

3 c. à soupe
de moutarde de Dijon

3 c. à soupe de miel
liquide

1 c. à soupe d'huile
d'olive

2 c. à soupe de ketchup

1/2 c. à café de Tabasco

1 gousse d'ail écrasée

1/2 c. à café de thym
déshydraté

3 feuilles de basilic
hachées fin, et un peu
plus pour décorer

Pour la sauce
aux pêches

3 pêches (fraîches
ou en conserve)

2 c. à soupe de yaourt
nature

1 c. à café de jus de citron

1. Pour la marinade, mélangez tous les ingrédients dans un plat à gratin assez grand pour contenir six brochettes. Si vous utilisez des brochettes en bois, pensez à les tremper 10 mn dans l'eau froide avant usage.

2. Salez et poivrez légèrement les morceaux de poulet et enfilez-les sur les brochettes. Déposez celles-ci dans la marinade et enduisez-les soigneusement sur toutes les faces. Couvrez et laissez mariner au réfrigérateur, au moins 1 h, en les retournant de temps en temps.

3. Pendant ce temps, confectionnez la sauce aux pêches. Si vous utilisez des pêches fraîches, plongez-les 30 s dans l'eau bouillante, pour les peler sans difficulté. Enlevez les noyaux et coupez les fruits. Si vous utilisez des pêches en conserve, il suffit de les couper en morceaux. Mélangez avec le yaourt, ajoutez le jus de citron et poivrez. Couvrez et réservez au réfrigérateur.

4. Préchauffez le gril à haute température et huilez la plaque de cuisson avec un pinceau. Disposez les brochettes sur la plaque, enduisez-les de la moitié de la marinade et laissez cuire 6 mn. Retournez-les, recommencez l'opération avec le restant de marinade et faites griller 2-3 mn, pour que le poulet soit cuit à cœur. Servez avec la sauce aux pêches et décorez de basilic frais.

6   25 mn + marinade : 1 h
15 mn   *C* 321   *l* <2 g

3

Desserts

Fruits grillés au miel et au yaourt

¶ 4-6 **⏲** 15 mn **⧗** 10 mn **𝒄** 268 **ℓ** <2 g

3 c. à soupe de miel liquide

2 c. à soupe de jus de pomme non sucré

1 c. à café de mélange d'épices moulues (mélange de pâtisserie)

1 mangue bien mûre

1 petit ananas épluché et coupé en tranches

2 pommes pelées, épépinées et coupées en quartiers

2 poires pelées, épépinées et coupées en quartiers

170 g de yaourt grec

150 g de yaourt nature allégé

quelques gouttes d'extrait de vanille

1. Préchauffez le gril à haute température. Dans un saladier, mélangez 2 c. à soupe de miel avec le jus de pomme et les épices. Pelez la mangue et coupez-la en lamelles après en avoir retiré le noyau.

2. Couvrez la plaque du gril de papier d'aluminium et disposez-y la moitié des fruits. Arrosez avec la préparation au miel. Laissez cuire 10 mn en retournant les fruits à mi-cuisson jusqu'à ce qu'ils soient bien amollis. Tenez au chaud et renouvelez l'opération avec le restant de fruits.

3. Pendant la cuisson, versez le yaourt grec et le yaourt allégé dans un saladier avec l'extrait de vanille et le reste du miel. Mélangez bien. Servez les fruits encore tièdes accompagnés de cette crème vanillée.

Remarque : Ce mélange de fruits tendres et dorés peut être servi avec une boule de glace à la vanille, mais le yaourt crémeux et parfumé suffit à exalter toutes les saveurs.

Gratin
de mangues fraîches au mascarpone

⌖ 6 ● 15 mn ⧖ 5 mn 𝒄 202 𝓵 < 3 g

4 grosses mangues
bien mûres

1 barquette de 250 g
de mascarpone

1 pot de 200 g de yaourt
grec

1 1/2 c. à café
de gingembre moulu

zeste haché fin et jus
de 1 citron vert

1 c. à soupe de rhum
blond ou brun (facultatif)

6 c. à soupe de sucre
brun

20 g de beurre

menthe fraîche
pour décorer

1. Pelez les mangues, retirez le noyau et coupez-les en lamelles, en conservant soigneusement le jus.

2. À l'aide d'un fouet ou d'une fourchette, battez ensemble le mascarpone et le yaourt. Incorporez ensuite le gingembre, le jus et le zeste du citron vert. Ajoutez le rhum le cas échéant.

3. Placez les tranches et le jus des mangues dans un plat à gratin de 18 cm, ou répartissez-les dans six ramequins individuels. Couvrez avec la préparation au mascarpone, saupoudrez de sucre et ajoutez quelques noix de beurre. Gardez au réfrigérateur jusqu'à la cuisson.

4. Préchauffez le gril à haute température. Faites cuire 4-5 mn pour le plat à gratin, 1-2 mn s'il s'agit de ramequins, jusqu'à ce que le mascarpone forme une croûte dorée. Laissez refroidir 1-2 mn avant de servir, décoré éventuellement de feuilles de menthe.

Remarque : Qui peut résister à ce dessert de rêve ? L'onctuosité du mascarpone et le goût poivré de la mangue, complétés par le croquant du caramel, offrent un mélange inattendu absolument délicieux.

de pamplemousses

I melon moyen
ou 2 petits (cavaillon,
galia, cantaloup…)

2 pamplemousses roses

8 c. à soupe de jus
d'orange frais non sucré

I c. à soupe de liqueur
à l'orange, Cointreau
par exemple, ou de
xérès demi-sec (facultatif)

menthe fraîche
pour décorer

1. Épépinez le melon, coupez-le en dés ou façonnez de petites boules à l'aide d'une cuillère spéciale. Versez dans le saladier de service.

2. Découpez une calotte aux deux pôles de chaque pamplemousse et déposez-les sur un plan de travail. À l'aide d'un couteau-scie, ôtez soigneusement l'écorce et la peau blanche en suivant le contour des fruits. En tenant les pamplemousses au-dessus d'un récipient, découpez-les entre les membranes pour détacher les segments sans la peau. Ajoutez aux morceaux de melon, avec le jus.

3. Arrosez les fruits avec le jus d'orange (et la liqueur, le cas échéant). Mélangez délicatement. Couvrez et réservez au réfrigérateur au moins I h avant de servir. Décorez de feuilles de menthe.

Remarque : Vous souhaitiez une entrée légère et rafraîchissante, la voilà ! Il suffit d'y ajouter quelques tranches fines de jambon de Parme pour faire bonne mesure.

Crème glacée
aux framboises

350 g de framboises
(décongelées,
le cas échéant)

60 g de sucre en poudre

300 g de yaourt allégé
aux framboises

120 g de yaourt grec

menthe fraîche
et framboises entières
pour décorer

1. À l'aide d'un mixeur ou d'un batteur électrique, réduisez les framboises en purée. Passez au tamis, ôtez les pépins et placez le coulis dans un saladier avec le sucre. Mélangez bien.

2. Ajoutez les deux yaourts et mélangez bien. Versez dans un bac à glace peu profond, couvrez et mettez 2 h au congélateur. Dans le même temps, placez au réfrigérateur un saladier vide, pour qu'il soit bien frais.

3. Transférez la préparation congelée dans le saladier rafraîchi et mélangez bien de façon à éliminer les cristaux. Versez de nouveau dans le bac à glace et remettez au congélateur pendant au moins 4 h.

4. Une demi-heure avant de servir, placez au réfrigérateur. Formez des boules à l'aide d'une cuillère à glace et décorez de menthe fraîche et de framboises entières.

Remarque : Cette recette convient particulièrement bien aux framboises, mais rien ne vous empêche de les remplacer par des fraises ; dans ce cas, utilisez aussi du yaourt aux fraises.

🍴 4

🕐 15 mn

+ au congélateur : 6 h

+ au frais : 30 mn

𝒄 183 𝓵 < 1 g

Poires pochées

au gorgonzola

🍴 6 🕐 15 mn + au frais : 5 mn ⏳ 30 mn 𝒄 227 𝓵 3,5 g

10 cl de porto

6 c. à soupe de sucre

6 poires williams mûres
mais fermes, évidées
et pelées

jus de 1/2 citron

100 g de gorgonzola
(de roquefort ou de bleu
de Bresse)

2 c. à soupe de fromage
frais allégé

1 c. à soupe de crème
légère ou de yaourt
nature

poivre noir

1. Versez 60 cl d'eau dans une grande casserole. Ajoutez le porto et le sucre, puis portez à la limite de l'ébullition. Arrosez les poires d'un peu de jus de citron et déposez-les verticalement dans la casserole (elles doivent être immergées au tiers dans le liquide). Laissez cuire 10-15 mn en arrosant de temps en temps la partie émergée (les fruits doivent rester entiers). Laissez refroidir les poires 1-2 mn et placez-les sur une assiette.

2. Faites bouillir durant 10-15 mn le jus de cuisson, qui doit réduire au tiers. Laissez refroidir 2 mn et ajoutez le reste de jus de citron.

3. Écrasez le bleu à la fourchette et mélangez-le au fromage frais et à la crème (ou au yaourt). Poivrez. À l'aide d'une cuillère à cocktail, remplissez les poires avec cette préparation. Disposez une poire au milieu de chaque assiette de service. Arrosez avec le sirop.

Remarque : Finis les malentendus… entre la poire et le fromage ! Ce dessert peut se préparer à l'avance. Il suffit de le conserver au frais et de le laisser quelques minutes à température ambiante avant de le servir.

43

Coupe de fraises
au basilic et au poivre noir

600 g de fraises fraîches équeutées et coupées en deux pour les plus grosses
sucre glace
15 cl de vin blanc doux
1 c. à soupe de vinaigre balsamique (facultatif)
1/2 c. à café d'extrait naturel de vanille
12 feuilles de basilic frais
poivre noir

1. Disposez les fraises dans un saladier. Saupoudrez d'un peu de sucre glace, puis arrosez avec le vin, le vinaigre (le cas échéant), et l'extrait de vanille. Mélangez délicatement. Couvrez avec la moitié des feuilles de basilic et placez au moins 1 h au réfrigérateur.

2. Au moment de servir, retirez les feuilles de basilic et remplacez-les par des feuilles fraîches. Transférez les fraises dans un plat de service et arrosez avec le jus. Saupoudrez de poivre noir au moulin.

Remarque : Croyez-le ou non, le goût du poivre relève magnifiquement celui des fraises. Répartissez-le soigneusement sur l'ensemble du plat et décorez de feuilles de basilic.

6   10 mn + au frais : 1 h   44   traces

Crumble

aux prunes

120 g de farine de blé
1 c. à café de mélange d'épices moulues (mélange de pâtisserie)
60 g de beurre refroidi et coupé en dés
60 g de sucre en poudre
500 g de prunes coupées en deux, sans le noyau

1. Préchauffez le four à 180 °C. Dans un saladier, mélangez la farine et les épices. Ajoutez le beurre. En pétrissant du bout des doigts, vous devez obtenir une consistance proche de celle du pain finement émietté. Complétez avec la moitié du sucre.

2. Dans un autre saladier, mélangez le reste du sucre et les prunes. Si les fruits vous semblent un peu âcres au départ, augmentez la quantité de sucre. Disposez-les dans un plat à gratin de 23 x 15 cm, par exemple, et répartissez le crumble de façon égale sur le dessus.

3. Faites cuire 40-50 mn. Les fruits doivent être bien tendres (vérifiez avec la pointe d'un couteau) et la croûte dorée et croustillante.

Remarque : Le crumble permet de réaliser de succulents desserts avec les fruits de saison, au moment où ils sont abondants et bon marché. Remplacez les prunes par des pommes, de la rhubarbe, du cassis et même des pêches. Servez chaud ou froid, accompagné de crème pâtissière, de crème fraîche ou de boules de glace à la vanille.

🍴 4 🕐 15 mn ⏳ 50 mn C 340 ℓ 7 g

À savoir

Liste des symboles	
¶¶	Nombre de couverts
⏱	Temps de préparation
⏳	Temps de cuisson
c	Calories
ℓ	Lipides

°c	Thermostat
140	1
150	2
160	3
180	4
190	5
200	6
220	7
240	8
250	9

Apport nutritionnel

Chaque recette est accompagnée d'indications simples concernant le nombre de calories qu'elle dispense et l'apport nutritionnel correspondant. Un gramme de lipides représente 38 kilojoules environ, soit 9 kilocalories d'énergie.

Lipides, exprimés en grammes par portion individuelle	
Moins de 10 g	apport énergétique faible
Entre 10 et 20 g	apport énergétique modéré
Plus de 20 g	apport énergétique élevé

Index

La série **Saveurs** *minute comprend les titres suivants :*

Amuse-gueules
Barbecue
Cuisine végétarienne
Légumes
Poissons
Sushis

Agneau
Cuisine légère
Desserts
Pâtes
Porc
Viandes

Edition originale de cet ouvrage publiée en néerlandais par Rebo International, Ltd, sous le titre : *Vetarme gerechten*

© 2002 Rebo International

Textes © Concorde Vertalingen BV
Photographies © R&R Publishing Pty. Ltd

© 2009 Rebo International b.v., Lisse, the Netherlands pour l'édition française

Traducion de l'anglais : Lise-Éliane Pomier
Réalisation et coordination éditoriale : Belle Page, Boulogne
Adaptation PAO : Critères, Paris

ISBN 978-90-366-2690-3

Imprimé en Slovénie